LORGNETTE PHILOSOPHIQUE.

Seconde Partie.

Un mot encore au Public.

PENDANT l'impreſſion de la *premiere Partie* de notre LORGNETTE, pluſieurs Libraires nous ayant témoigné un vif regret de n'être pas compris dans la liſte imprimée au revers du faux Titre de cet Ouvrage, nous cédons à leur empreſſement, & nous nous hâtons, en conſacrant ici un déſir honorable pour nous, d'annoncer au Public qu'il trouvera pareillement des exemplaires de la *Lorgnette Philoſophique* chez,

LE GRAS, Quai de Conti, au bas du Pont-Neuf.
BLEUET, Pont Saint-Michel.
MEQUIGNON le jeune, au Palais.
VENTE, au Théâtre François.

Pour la commodité des Libraires dont le tems eſt cher & précieux, & afin de leur éviter des courſes longues, pénibles & ſouvent onéreuſes, le *Célibataire* a formé un dépôt de tous ſes Ouvrages,

Pont Notre-Dame, n°. 21.

C'eſt à cet entrepôt que les Libraires pourront ſe fournir de *Lorgnettes*, & de *Réflexions Philoſophiques*, de *Flatteurs* & de *Fakirs*, aux mêmes prix & conditions que chez L'AUTEUR lui-même, qui ſaiſit avec empreſſement ce moyen nouveau de leur faciliter la vente de ſes productions.

LORGNETTE PHILOSOPHIQUE,

Trouvée par un R. P. Capucin ſous les Arcades du Palais - Royal, & préſentée au Public

Par un CÉLIBATAIRE.

SECONDE PARTIE.

........Fortiùs........ſecat res.
HOR.

A LONDRES,

Et ſe trouve à PARIS,

Chez L'AUTEUR, Rue des Champs Elyſées.

M. DCC. LXXXV.

Dernier mot des Editeurs.

SI l'Honorable Lecteur, après avoir lu la premiere Partie de cet Opuſcule, n'a point été révolté de la pureté de nos principes & de la légitimité de nos intentions; ſi le profond reſpect que nous avons marqué pour les Mœurs & la Religion, n'a point offenſé ſa délicateſſe; enfin ſi le mal que nous avons oſé dire de l'Adultere, des Jeunes gens & de la Muſique, ne nous a point aliéné ſon approbation, il peut continuer & chercher dans la ſeconde la confirmation de notre doctrine. Mais ſi l'Homme du monde éclipſe en lui l'honnête-homme, s'il tient plus aux préjugés qu'aux ſentimens, plus à l'étiquette qu'à la vertu, plus aux convenances ſociales qu'aux devoirs moraux qui les contrediſent, qu'il ferme ce Livre dès les premieres pages, il n'a point été écrit pour lui: qu'il diſe à tout le monde qu'il en eſt mécontent, ce ſentiment ne fera tort qu'à lui ſeul, & il a acquis le droit de le manifeſter; mais qu'il ſe garde de venir jamais faire une pareille confidence à l'*Auteur* lui-même, car nous oſons aſſurer qu'à l'exemple du ſacré Citoyen de Geneve, *il ne pourroit jamais eſtimer cet homme-là.*

LORGNETTE PHILOSOPHIQUE.

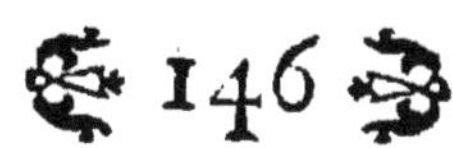

A L'AIR dont certaines gens paroiſſent s'apprécier, je ſerois tenté de croire que c'eſt de bonne foi qu'ils ſont perſuadés de leur prétendu mérite. Gardons-nous de les troubler dans cette jouiſſance, c'eſt bien la moindre choſe qu'ils s'eſtiment eux-mêmes, puiſqu'ils ne le ſont de perſonne.

147

L'impertinence des Femmes de qualité eſt preſque toujours en raiſon inverſe de leur élévation. La *Ducheſſe* eſt plus honnête que la *Marquiſe*, (ce qui ne dit pas cependant qu'elle le ſoit beaucoup,) & celle-ci l'eſt plus à ſon tour que la *Comteſſe*. Ces nuances n'échappent point à l'œil de l'obſervateur, mais elles frappent peu celui du vulgaire, qui ſe croira toujours plus honoré par les dédains d'une femme titrée, que par les politeſſes d'une bourgeoiſe raiſonnable.

148

L'Amour-propre d'une femme ſouffre ſinguliérement à en entendre louer une autre. Il ſemble toujours que ce ſoit à ſes dépens ; forcée de convenir de la beauté d'une perſonne de ſon ſexe, l'on a beaucoup de peine à lui en tirer l'aveu ; & lorſque vous entendrez dire à une femme en parlant d'une rivale (& toutes le ſont) *elle* eſt *aſſez bien*, ſoyez ſûre qu'*elle* eſt *charmante*.

149

Les Mœurs particulieres des individus d'une grande ville,

tiennent beaucoup plus qu'on ne le croiroit à la différence des Profeſſions. Un obſervateur exercé ne s'y trompera guère, & lorſqu'il aura cauſé quelques inſtans avec un être quelconque, il en devinera l'état, auſſi facilement que l'homme du monde reconnoît les gens de la Cour par leurs livrées & leurs armoiries.

150

A la honte du ſiecle dix-huitiéme, ſoi-diſant philoſophique, un Ouvrage qui plaît réuſſit beaucoup mieux qu'un livre qui inſtruit. Amuſer l'oiſiveté des gens du monde, les intéresser sans les émouvoir, effleurer leurs sensations sans ébranler leurs organes; tel est, en deux mots, le secret de réussir auprès d'eux. Quant à la Postérité c'est autre chose, il y a long tems que l'on n'y songe plus.

151

Je connois des Gens profondément Gourmands, pour qui le dîner est une véritable affaire. Tenir table trois heures consécutives, manger avec une voracité surprenante, boire de même, voilà tout leur mérite. On se doute bien que ce ne ſont pas là des hommes d'eſprit ; mais nous pouvons aſſurer, du moins à en juger par l'accueil qu'ils en reçoivent, que ce ſont des gens de parfaitement *Bonne-compagnie*.

152

Toutes les maiſons de Sirap ſe métamorphoſent en Boutiques, on en voit dans tous les recoins, dans tous les paſſages, dans tous les Jardins, ſous tous les eſcaliers. Si cette épidémie continue encore quelque tems, il faudra néceſſairement faire venir une colonie d'acheteurs, car il y aura bientôt plus de vendeurs que de chalands.

153

Des cris se font entendre dans la rue, je vole à ma fenêtre, & vois deux Chiffonniers qui se battent à outrance pour un tas d'ordure. Je lis ensuite la Gazette, & j'apprends que deux Etats formidables se font une guerre sanglante pour un petit village. Je rentre en moi-même, & suis tenté de croire que les Puissances de la terre ne sont guère plus sages que mes deux Chiffonniers.

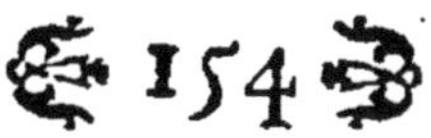

154

Losolis a de l'amabilité, de

l'Esprit & du goût ; il raisonne avec justesse, écoute avec plaisir & parle avec intérêt. L'égalité de son humeur, l'étendue de ses connoissances, & la facilité de son élocution, le font rechercher avec empressement, & désirer avec impatience. Mais Losolis a cent mille livres de rente, & son état l'oblige de vivre dans la *Bonne-compagnie.* Plaignons Losolis, il ne peut qu'y perdre ; la Bonne-compagnie n'aura pas l'esprit d'y gagner, & les amis de Losolis regretteront toujours qu'il ne soit pas né dans un rang inférieur.

Ceux qui devineront de qui je veux parler ici, conviendront ſans peine que je n'ai pas tout-à-fait tort.

155

Les Gens du monde repréſentent ſur un grand Théâtre, & jouiſſent de tous les avantages qui réſultent de l'élévation. Ils diſpoſent de tout, hors de l'Opinion publique, qui ſait bien nous venger tôt ou tard. Nous endurons leurs mépris, nous payons leurs ſottiſes, mais...

.... quand la farce eſt mal repréſentée,
Pour notre argent nous ſifflons les Acteurs.

156

Il n'y a plus guère aujourd'hui que la Beauté qui diſtingue la *Femme du monde* de la femme de *Bonne-compagnie*. Leur miſe, leur langage & leurs mœurs ſe confondent de plus en plus; & ſi les premieres continuent à s'approcher du but dans la même proportion que les autres s'en écartent, il n'y aura bientôt plus de différence.

157

Comme les extrêmes ſe touchent dans une grande ville, on peut aſſurer que la bonne foi regne à Sirap dans le commerce, plus qu'en aucun lieu du monde. Le Marchand, (& surtout le Marchand en gros) y est honnête, accommodant, confiant & facile. Comme tout se vend à prix défendu, il n'est pas étonnant qu'il surfasse aux Passagers ; mais le Chaland d'habitude peut s'en rapporter à lui, & nous osons assurer qu'il ne sera trompé ni sur le prix, ni sur la qualité de la marchandise.

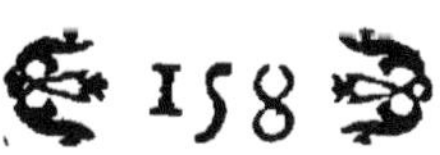

Les grands succès alarment l'Envie, désolent la Médiocrité,

tourmentent ſinguliérement les Gens du monde. Le moyen de leur plaire c'eſt de ne pas les effaroucher par une ſupériorité déſeſpérante. Ils ne pardonneront jamais à celui que dans la ſincérité de leur conſcience ils déſeſperent pouvoir rabaiſſer à leur niveau.

159

L'arrogance d'un Bibliopole qui reçoit le premier manuſcrit d'un Jeune Auteur, eſt une choſe vraiment curieuſe. Ces Marchands de Papier noirci ſe croyent des Etres fort importans dans l'Etat ; & parce qu'ils vendent les productions des Gens de lettres, ils s'estiment en état de les juger. O Génie, génie, par quels écueils il vous faut passer pour arriver seulement à la Gloire.

160

De tous les Marchands de Sirap, les plus ignorans sont à-coup-sûr les Libraires. Sur trois cens vous n'en trouverez pas quatre d'instruits, & pas un seul qui le soit de tout ce qui devroit faire partie de leurs connoissances. Plusieurs ne savent pas lire, & je mets en fait qu'il n'y en a

pas deux en état d'écrire une page de françois ſans fautes d'Ortographe.

161

L'Originalité plaît ſouvent plus qu'elle n'amuſe, parce qu'on ne ſait pas toujours en tirer parti. Les véritables Originaux ſont rares, & l'eſpece en eſt d'autant meilleure à conſerver, que c'eſt un grand mérite, aujourd'hui ſur-tout, de ne reſſembler à perſonne.

162

Il n'y a pas de ſentiment plus

digne d'une grande Ame que l'Amitié ; & c'eſt peut-être pour cela que la véritable eſt aujourd'hui ſi rare.

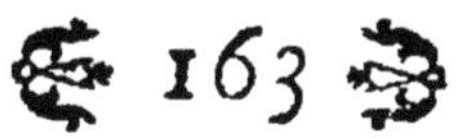

Le Voleur qui vous dépouille, eſt à mes yeux beaucoup moins coupable que l'infame Séducteur qui déshonore votre Couche nuptiale. L'un ne vous occaſionne qu'une perte facile à réparer, l'autre vous enleve ce que vous ne retrouverez jamais. Cependant par une conſéquence digne de nos mœurs, le premier eſt pendu, & le ſecond faic les délices de la *Bonne-compagnie* par excellence.

164

Il n'y a pas en Littérature d'état qui exige plus de connoiſſances, de jugement & de goût que celui de Journaliſte, & il n'y en a pas que l'on embraſſe auſſi légérement. On monte aujourd'hui un Journal, comme on établit un Caffé. Beaucoup de morgue, ſuffiſamment de pédanterie, le tout renforcé d'une triple doſe d'impéritie, d'audace & d'impertinence; voilà de quoi faire un Journaliſte à la mode. J'en ai même connu un qui avoit un tel amour pour la profeſſion, que faute de Souſcripteurs il ſacrifioit par an 1200 livres de ſa poche pour déchirer impitoyablement tous les Gens de lettres.

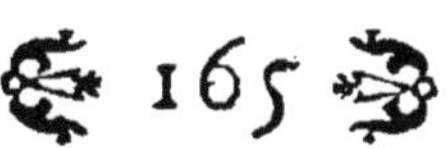

Il ne faut pas s'imaginer que MM. les Journaliſtes liſent tous les Ouvrages dont ils ont à rendre compte : ce ſeroit une erreur groſſiere. Copier fidélement le Titre, parcourir la Préface, lire attentivement la Table; raiſonner enſuite à tort & à travers, invoquer ſouvent le goût, déchirer ſur-tout les vivans en exagérant le mérite des morts; voilà, en trois mots, le ſecret de faire un *Extrait*; & encore beaucoup de ces Meſſieurs n'y font-ils pas tant de façons, demandez à ***.

166

La Tranquillité de l'ame, & le ſentiment d'une Conſcience ſans reproches, ſont deux points abſolument néceſſaires pour goûter le Plaiſir. C'eſt peut-être auſſi pour cette raiſon que les gens du monde ne s'amuſent preſque jamais.

167

Je connois un Journaliste vraiment impartial, homme de goût, aimant à rendre justice au talent, & même à encourager ceux qui promettent d'en avoir : la modération dicte ses extraits, & fait la base de ses jugemens. Il a l'art difficile de renfermer beaucoup de choses en peu de mots, & de faire connoître parfaitement un Ouvrage en quelques lignes. Censeur équitable, Philosophe instruit, Littérateur profond, Grammairien exercé, il me paroît réunir les qualités nécessairement conſtitutives de ſon pénible état ; & ſi ſa vraie modeſtie ne s'empreſſoit de les cacher, il auroit autant de Prôneurs que d'Amis ; ce qui ne ſeroit pas peu dire. Vous allez me demander quel eſt ce Journaliſte ; & moi je vous demanderai à mon tour la permiſſion de vous le taire ; qu'il vous ſuffiſe de ſavoir que ce n'eſt point un perſonnage imaginaire, & accordez-moi la ſatisfaction de penſer que quelques-uns de ſes Confreres cherchant à ſe reconnoître dans ce Portrait, uſeront d'indulgence pour ma pauvre Lorgnette.

§ 168 §

L'on eſt étonné de voir les Philoſophes plus ſenſibles à *certains Accidens* que la plupart des autres hommes. Je conviens qu'ils doivent mieux connoître que le vulgaire, la valeur intrinſéque des choſes, & l'on ſait depuis long-tems ces vers charmans de la Fontaine,

Quand on l'ignore, ce n'eſt rien ;
Quand on le ſait, c'eſt peu de choſe.

Tout cela eſt très-vrai, mais comme

La Senſibilité fait tout notre Génie,

& qu'un homme Amoureux ceſſe à-coup-sûr d'être un homme raiſonnable, il me paroît naturel que l'irritation de notre ſuſceptibilité ſoit en raiſon de l'étendue de notre délicateſſe ; & voilà juſtement *ce qui fait que votre fille eſt muette.*

169

Amour & Repos n'ont pas encore habité le même logis. Repos & Bonheur logent quelquefois enſemble ; mais Bienfaiſance & Gratitude ne ſe rencontrent preſque jamais : *Avis au Lecteur.*

170

Quinte-Curce nous apprend qu'Alexandre conſervoit ſous ſon chevet l'Iliade d'Homere, dans une Boëte d'or. Si l'on viſitoit celui de nos Alexandres modernes, l'on y trouveroit à-coup-sûr autre choſe.

171

De tous les Etabliſſemens nouveaux qu'une adminiſtration ſouvent ſage multiplie à Sirap, je n'en connois point de plus utile que le *Mont-de-Piété*. C'eſt une reſſource pour le Pauvre, une commodité pour le Riche, & un moyen de rallentir les ravages du Luxe. Des familles préſervées d'une ruine totale, des Commerçans ſecourus à propos & diſcrettement, des futilités miſes à leur juſte valeur, ſont les moindres preuves de cette assertion. Il seroit à desirer cependant que l'on y prisât avec plus d'humanité les effets du pauvre, & que l'on pût restreindre l'intérêt de l'argent dans les termes de la Loi.

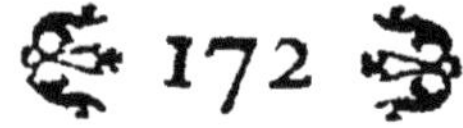

La Jalousie est beaucoup plus active chez les Femmes que chez les Hommes ; & l'on peut dire aussi qu'elle est, chez les premieres, une preuve d'amour plus véritable. La vanité blessée se joint chez le sexe au sentiment du cœur, &, à-coup-sûr, elle est plus énergique & plus violente.

173

Une preuve d'Intérêt & d'Amour chez une Femme ſenſible, ce ſont les reproches ; rarement ſe permet-elle d'en faire à l'homme indifférent. Le déſir de rendre digne de ſa tendreſſe celui que ſon cœur a choiſi, lui dicte quelquefois un langage ſévere auquel il ne faut pas ſe méprendre, & qu'il eſt très-doux de mériter.

174

Il eſt difficile qu'une Amitié tendre entre deux perſonnes de ſexe différent ne dégénere pas en Amour. Mais lorſque ce premier ſentiment réglé par l'eſtime & le devoir ne ſort pas de ſes limites, il eſt, à-coup-sûr, bien plus délicieux que l'autre. Il procure des jouiſſances d'autant plus aimables qu'elles ſont ſans remords. Vérité qui ne peut être ſentie que par les Ames honnêtes & pures, & que le commerce du monde n'a point encore corrompues.

175

Je ſais depuis long-tems, & je crois même l'avoir imprimé quelque part, que ce n'eſt point au grand nombre des repréſentations que l'on doit juger de la bonté d'un Ouvrage dramatique. Cependant lorſque je vois des Gens dont le goût eſt fait pour donner l'exemple à la multitude, courir quatre-vingt fois de ſuite revoir la même Comédie, & n'en revenir jamais ſans le déſir d'y retourner encore, j'ai peine à me perſuader que la piece ſoit auſſi mauvaiſe que certaines gens affectent de le répéter, & ont intérêt à le faire croire; & j'oſe même la ſoupçonner d'être très-morale.

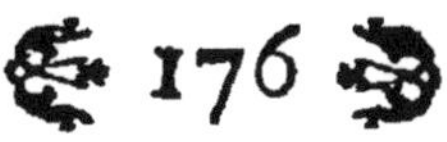

Rien de plus intéreſſant pour

un Obſervateur que les promenades nocturnes des rues de Sirap. Il y découvre mille choſes cachées à l'œil vulgaire, & dont la nuit favoriſe la connoiſſance. Il y étudie en pleine liberté des mœurs d'autant plus piquantes qu'elles ſont peu connues, & qu'avant les excellens Ouvrages de M. Rétif de la Bretone, elles ne l'étoient pas du tout. Il n'eſt pas difficile de ſe perſuader que huit jours ainſi employés ſont plus utiles à un Philoſophe, que trois années paſſées dans la *meilleure compagnie*.

177

J'aime à croire que le ſiecle a gagné en Morale ce qu'il a perdu du côté des Arts & du Génie. Si les hommes ne valent pas mieux qu'autrefois, on doit convenir au moins qu'il eſt plus aiſé de vivre avec eux, & qu'en général leurs défauts ou leurs vices ſont d'une nature plus ſociale. Les Jeunes gens ſont moins fats, les Grands moins vains, les Femmes titrées *un peu* moins impertinentes. Béniſſons cette heureuſe révolution qui ne peut manquer de tourner quelque jour au profit des Mœurs, en rapprochant davantage les conditions.

178

J'ai dit ſouvent, & je ne me laſſerai jamais de le répéter, que les Gens de lettres gagneroient infiniment à ſe voir entr'eux davantage. Quoi de plus délicieux que ces *Déjeûners* Philoſophiques prolongés juſqu'à la nuit, dont nous avons vu quelques exemples à Sirap, chez le pauvre *Célibataire*. La communication des lumieres, le rapprochement des ſenſations, la différence même des caracteres, tout cela tourne au profit du génie. L'imagination s'échauffe, la pensée se développe, le style en acquiert plus de force & d'énergie; & l'on sort, à-coup-sûr, de ces Assemblées semi-nutritives meilleur & plus disposé au travail.

179

La liberté des Tables d'hôtes n'est point indifférente aux compositions des Gens de lettres. Là, nulle espece de gêne ni d'étiquette ne nuit au développement de la pensée. Personne à flatter ou à craindre, (ce qui est presque toujours synonyme.)

Les ſenſations ſont libres, une gaieté franche anime les diſcours, & nul n'ayant intérêt de ſe cacher, tous laiſſent un champ libre à la pénétration de l'Obſervateur. Ces conſidérations raſſemblées doivent l'emporter de beaucoup, ce me ſemble, ſur la *prétendue* humiliation de Dîner à l'Auberge.... J. J. Rouſſeau ne mangeoit jamais en Ville.

180

Les Caffés de Sirap que les Gens de lettres les plus diſtingués avoient autrefois choiſis pour le Théâtre de leurs diſcuſſions, ſont abandonnés aujourd'hui aux Nouvelliſtes & aux Littérateurs ſubalternes, ce qui en a exilé preſque tous les honnêtes gens.

181

Un Philoſophe a dit que l'Exactitude étoit le ſublime des Sots. Ce Philoſophe pouvoit avoir raiſon ; mais il a eu tort de jetter une ſorte de ridicule ſur une qualité néceſſaire dans l'exercice réciproque des devoirs de la ſociété, & à l'omiſſion de laquelle les Gens d'eſprit ont plus à perdre encore que les autres.

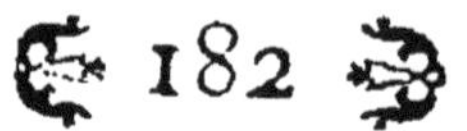

182

Le plus grand art d'un Homme en place, & celui qui paroît être le moins usité, c'est l'art d'adoucir un refus. C'est, peut-être, pour un Ministre, le moyen le plus sûr de capter la bienveillance publique; tant il est facile aux Grands de contenter ceux qui les approchent.

183

Sirap est plein de *Jugeurs* ignorans, & les véritables Connoisseurs y sont fort rares. Les premiers, incapables d'asseoir par eux-mêmes une opinion, ſe réduiſent volontiers au rôle d'échos des Journaliſtes, ce qui annonce au moins la plus grande modeſtie dans leurs prétentions.

Le Commerce reſpectif des Nations, en poliſſant leurs manieres, a, par une conſéquence aſſez naturelle, confondu leurs caracteres, énervé leurs ſenſations, & dénaturé les ſignes réciproques qui les reproduiſent. Ce n'eſt plus guère aujourd'hui que par des nuances que l'on peut parvenir à les diſtinguer, & nous ne croyons pas, qu'à tout prendre, elles ayent gagné aux yeux de la véritable Philoſophie.

185

Lorſqu'un Auteur Dramatique a mis la derniere main à ſon Ouvrage, l'on peut dire qu'il n'a fait que le plus aiſé de ſa beſogne. Courtiſer les Actrices, cajoler les Comédiens, ramper chez les Grands, ſe morfondre dans l'antichambre des *Archontes* (véritables fléaux des Arts); tel eſt, maintenant, le ſort du Génie. Il me ſemble que les choſes ne ſe paſſoient pas ainſi du tems de Corneille & de Racine.

186

C'eſt une grande queſtion de ſavoir ſi l'opinion qui avilit l'état de Comédien, eſt réellement un préjugé. M. de Voltaire a tranché le mot. Nous ſerons plus réſervés : il nous ſemble que la choſe mérite d'être approfondie & diſcutée, & nous nous propoſons de le faire avec impartialité dans nos *Conſidérations ſur l'Art Dramatique* (5).

(5) Cet Ouvrage contenant, un examen Philoſophique & raiſonné des principaux Ouvrages de Théâtre, tant anciens que modernes ; une analyſe du talent des Comédiens les plus diſtin-

187

Seroit-il donc vrai que les

gués du dix-huitiéme ſiecle ; des Réflexions ſur le mérite de la plupart des Auteurs Dramatiques morts & *vivans* ; une foule d'Anecdotes qui n'ont jamais été imprimées, & que l'Auteur a ſu recueillir dans le Commerce des anciens Vieillards du Fauxbourg S. Germain, dans des Mémoires manuſcrits tenus depuis long-tems avec la plus ſcrupuleuſe fidélité, dans la converſation des Gens de lettres, des Acteurs célébres, & même des Gens du monde, &c, &c. cet Ouvrage, diſons-nous, formera un volume *in*-8°. de vingt à vingt-cinq feuilles, caractere Cicéro, & même juſtification que nos Réflex. Philoſophiq. il paroîtra dans le courant de 1785.

différens états de la Société fussent estimés en raison inverse de leur utilité réciproque? Le Marchand de futilités est plus considéré que le Marchand de choses utiles; & le Philosophe se traîne dans le ruisseau, tandis que le Baladin voltigeur, le Spadassin par principes, & le Chanteur insolent volent dans un Char meurtrier, & insultent encore l'Homme de génie en menaçant son existence.

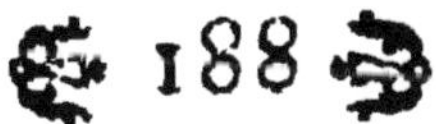

188

Les Femmes ne commencent guère à paroître sur l'horison que lorsque les deux tiers des citoyens repofent dans les bras du fommeil. Elles n'exiftent réellement qu'aux bougies dont l'éclat trompeur fert utilement leur beauté d'emprunt. Prefque toutes ont fait divorce avec la lumiere ; & j'en connois qui depuis vingt ans n'ont pas apperçu le Soleil.

189

Le moyen de fe trouver toujours heureux, c'eft de vivre avec fes Inférieurs, ou tout au plus avec fes égaux. L'ame fe trouve dans un parfait équilibre, bafe effentielle du véritable bonheur. La vanité rencontre des jouiffances ſans mortifications ; le ſentiment de l'ambition n'eſt plus réveillé par des rapprochemens humilians & déprédateurs ; & à tout prendre, l'eſprit, la ſanté, le talent & la vertu ne peuvent que gagner à ce genre de vie.

190

Si l'Ame des Gens de lettres n'étoit pas plus ſenſible aux douceurs de la gloire, qu'aux traits envenimés de l'Envie, il faut avouer que leur exiſtence ſeroit bien pénible. Le plus mince ſuccès anime contr'eux les ignorans & les ſots, c'eſt-à-dire plus des neuf-dixiémes de la *Bonne-compagnie :* puis ensuite viennent les Journaux, les Gazettes, les Libelles anonymes, les Mémoires secrets; enfin la F. N. D. M. C. S. S.

C'étoit bien la peine d'écrire!

Sirap est le pays de l'Univers où l'on trouve à-coup-sûr le plus de Gens d'esprit, & c'est cependant celui où les Charlatans de toute espece sont le plus assurés de faire fortune: les dupes y abondent, & depuis que nous y avons vu croire aux Hydroscopes, aux Sabots élastiques & aux Magnétiſeurs, il n'y a pas d'extravagance du ſuccès de laquelle il faille déſeſpérer d'être les bienheureux témoins.

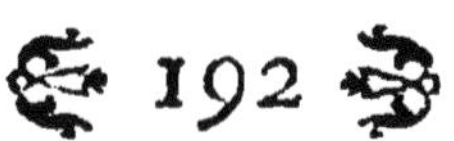

Les Gens du monde ſont ſi jaloux de la Réputation des Gens de lettres, qu'il n'eſt ſorte de moyen qu'ils ne mettent en uſage pour l'*anihiler*, ou du moins l'*aſſourdir*. C'eſt à cette cauſe que l'on doit rapporter le grand ſuccès des Ballons, du Monſtre du Pérou, du Meſmériſme, & de tant d'autres ſotes puérilités dignes au plus d'occuper des enfans imbécilles, & que nous avons vus pendant dix-huit mois éclipser la Littérature, ruiner la Librairie.

193

La Nuit est sans contredit le tems le plus favorable à la composition. C'est celui où l'image de ce qui nous a affectés durant le jour, se représente le plus vivement à notre imagination. Le calme du silence, la solitude des ténébres, tout concourt à donner de l'énergie à la pensée, de la profondeur à la méditation, de la magie au style. Puissent les Gens

Gens de lettres ſe bien pénétrer de cette vérité, & conſacrer à l'étude un tems précieux, & dont eux ſeuls ſont faits pour connoître vraiment le prix.

194

Que doit faire un Mari quand on aime ſa Femme?

Rien, répond la Fontaine. Cela paroîtra beaucoup trop à bien des gens, qui ne ſont pas perſuadés que le moindre bruit qu'on puiſſe faire en telle affaire ſoit préciſément le mieux. Qu'ils y réfléchiſſent, & ils verront après tout que le plus grand

Moraliſte & le plus grand Prédicateur (6) du dernier ſiecle

---

(6) Mademoiſelle Quinault la cadette, dont la mort arrivée le 18 Janvier 1783, a été un Deuil pour les Lettres & l'Amitié, avoit réuni dans une même bordure les portraits de Moliere & de Bourdaloue. On liſoit au bas cette inſcription, *les deux plus grands Predicateurs du dernier ſiecle.* Ce rapprochement nous a paru ingénieux, & nous publions cette Anecdote avec d'autant plus de plaiſir, que c'eſt pour nous une occaſion d'annoncer au Public un *Eloge hiſtorique* de cette Fille célébre, & de la venger de l'indifférence des Journaliſtes de Paris, qui n'ont pas daigné lui conſacrer une ligne

avoient raiſon. Le bruit ne remédie à rien, ne guérit de rien, ne produit rien... Mais les Maris Sirapiens ſont parfaitement convaincus de cette vérité : nous le ſavons, auſſi n'eſt-ce pas pour eux que cet article ſe trouve ici.

195

Un auteur eſtimable, & qui ne

---

dans leur prétendue Nécrologie, ni même ſeulement annoncer ſa mort. Cet Opuſcule, tribut de l'attachement le plus tendre & de l'eſtime la plus vraie, paroîtra dans le courant de 1785.

s'eſt pas rendu juſtice en abandonnant pour le Mercure, la carriere du Théâtre, a traité le ſujet du *Jaloux ſans Amour*. Celui du Jaloux Contraint, ou le Mari Complaiſant malgré lui, ne ſeroit-il pas infiniment plus dramatique? Un Mari avare ou ambitieux, obligé d'accueillir & de ménager les Amans de ſa Femme, dévorant ſa Jalouſie par intérêt ou par vanité, nous ſemble un caractere digne de la ſcene. Il n'a point échappé aux pinceaux de Moliere, & ce grand homme en a jetté les fondemens dans ſon inimitable Comédie de

George Dandin, qui, pour le dire en paſſant, eſt l'une des pieces les plus morales de notre Théâtre ; ce que nous eſpérons prouver avant qu'il ſoit peu.

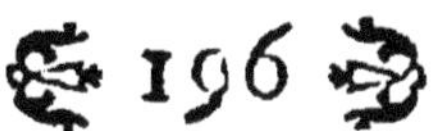

Des Poltrons mal inſtruits ſe plaiſent dès l'entrée de l'Automne, à repréſenter le pavé de Sirap comme hériſſé de Brigands & d'Aſſaſſins. Il n'eſt ſorte de Conte que l'on ne débite à ce ſujet, ſorte de ſottiſe que l'oiſiveté imbécille ou la puſillanime curioſité ne ſe plaiſent à recueillir. Delà les noms de *Poulailler*, de *Piſto-*

let, &c. dont les individus n'ont jamais existé que dans les cerveaux creux de ces prétendus Nouvellistes. Il est bon d'apprendre ici aux Etrangers, qu'il n'est aucun lieu dans l'Univers plus sûr que les rues de Sirap, & qu'aux Carrosses & à la boue près, qui pour le dire en passant, s'accroît tous les jours, rien n'y arrête la circulation publique, & ne gêne la marche des Citadins.

197

M. Mercier, dans son estimable *Tableau de Paris*, représente l'Avocat comme tenant le milieu entre l'Homme de lettres, & le Profeſſeur de l'Univerſité; il ajoute que cette profeſſion conſerve une teinte de pédantiſme inſéparable de la Robe. Si M. Mercier avoit fréquenté plus long-tems le Barreau des Sirapiens, nous croyons qu'il eût poſé différemment ſa theſe; la haine que pluſieurs de ces Meſſieurs portoient aux Gens de lettres, les perſécutions qu'éprouvoient dans cet Ordre les fauteurs de la Littérature, ont fait place à des ſentimens plus doux : & le dernier choix de l'Académie vient de former entre les Juriſconsultes & les Littérateurs, des nœuds trop honorables pour que ni les uns, ni les autres soient jamais tentés de les rompre.

198

Les Gens du monde trouvent la Journée trop longue, & n'en savent que faire. Les Gens de lettres trouvent le tems trop court, & se plaignent de n'en avoir jamais assez. Ne seroit-il donc pas possible de faire un échange qui rendroit les deux partis contens; c'est-à-dire d'ajouter l'oisiveté des uns au travail des autres, ce qui seroit à-peu-près doubler leur existence.

Il y a long-tems que je fais des vœux pour voir cet arrangement s'accomplir.

199

L'on Dîne à Sirap ou trop tôt ou trop tard, relativement à la nature des occupations & sur-tout à l'heure des Spectacles. Il faut lorsqu'on veut jouir d'une piece nouvelle, se passer absolument de Dîner, ce qui n'est pas flatteur (pour les Gens de lettres, sur-tout qui ne soupent point), ou s'exposer à ne plus trouver de place à la Comédie si l'on mange. L'alternative n'est pas gracieuse, & c'est un nouveau moyen employé par les Grands pour éloi-gner de leur Table les hommes d'eſprit qui n'ont pas de petites loges.

Un autre inconvénient de la Table des Riches, & qui ſe re-nouvelle bien plus ſouvent, c'eſt l'infernal uſage de mettre la boiſſon & les aſſiettes à la diſ-poſition des Valets. Cette inſo-lente Canaille ſe fait un malin plaiſir de laiſſer mourir de faim ou de ſoif l'honnête Bourgeois qui ne traîne pas à ſa ſuite un inutile de leur eſpece. C'eſt ſur-tout aux Auteurs qu'ils en veulent, comme ſi dans toutes les conditions la ſottiſe trouvoit toujours ſon compte à faire la guerre au Génie. Le Maître, au lieu d'ordonner à ces Fainéans chamarrés, d'avoir ſoin des Convives, rit en lui-même de leur impertinence, l'autoriſe par ſa foibleſſe, & ſe fait un jeu barbare d'outrager l'indigence par l'étalage d'un luxe faſtueux, qui ne tourne ſeulement pas à l'avantage momentané des Convives. On ſait ce que fit un Capucin dans cette circonſtance : la leçon étoit bonne, mais l'épais Financier qui la reçut, en rit ſans en profiter. C'eſt aſſez là le ſort de la morale & de la philoſophie auprès des Grands.

201

Puiſque nous en ſommes ſur ce chapitre, il faut encore que j'épanche ma bile ſur un autre uſage, établi en apparence pour la commodité des ſurvenans, & qui n'eſt, dans le vrai, qu'un raffinement d'humiliation, inventé par l'orgueil pour tourmenter la modeſtie. Ce ſont les PORTIERS. Je ne connois rien de plus humiliant pour un galant-homme, que le ſalamalec qu'il faut faire à ces inſolens Factionnaires, lorſqu'on veut pénétrer dans un Hôtel. Loin de remplir ſimplement le rôle d'indicateurs, le ſeul qui leur convienne, ils s'érigent en queſtionneurs privilégiés, & interrogent au lieu de répondre. Il faut rendre compte à ces Faquins galonnés, de ſon nom, de ſon état, de ſes affaires, & des motifs qui vous amenent; heureux encore quand l'interrogatoire fini, l'on veut bien ne pas vous éconduire. Voilà cependant le premier degré de ſervitude par où il faut paſſer pour arriver chez les Grands ; & même chez la plupart des gens aisés. Cette cérémonie répugne tellement à mon caractere & à mes principes, que j'ai pris la résolution constante de ne plus visiter les Gens à Portier, encore moins ceux à Suisse ; & je le déclare ici publiquement afin que ces Messieurs n'imputent pas mon absence à d'autres causes...ce qui me seroit, après tout, assez indifférent.

202

L'Habit Noir est, selon moi, l'une des plus heureuses inventions de ce ſiecle. Elle tient au bonheur de la ſociété, à la fréquentation des individus raiſonnables, au rapprochement des états, au développement des caracteres. L'Habit Noir met le Génie de pair avec la fortune, l'Eſprit au niveau de la grandeur, & la Vertu modeſte marche ſous cette égide à l'abri de l'inſolence de la fatuité. O bienheureux Habit Noir, fidele appui des Gens de lettres, protecteur véritable du mérite infortuné, ſois toujours mon Compagnon & mon Ami; ſois-le de tous les gens qui penſent: ah ſi l'on pouvoit déſormais diſtinguer par toi le ſavoir de la ſottiſe, la modeſtie de la préſomption, l'honnêteté de la politeſſe, les gens du monde. . . . . . . M'entendra qui pourra, je ne veux pas être ici plus clair.

203

La Singularité, proprement dite, a beaucoup perdu de ſon crédit, & c'eſt dommage. Le rôle d'Homme ſingulier (dans la véritable acception du mot, & tel que Deſtouches l'a pris pour ſujet de la Comédie de ce nom) eſt fort difficile à jouer aujourd'hui : il faut infiniment d'esprit, de courage & de discernement pour le remplir avec honneur. Nous savons de plus, & nous le savons par notre propre expérience, qu'il y faut une grande persévérance, des Mœurs irréprochables, & une douceur infinie. Cela n'empêche pas que vous ne passiez pour un Fou (c'est le mot) aux yeux de la multitude ; mais les bons esprits savent tôt ou tard vous rendre justice, & c'est de ceux-là seuls qu'on doit rechercher l'approbation.

Les hommes sont si fous, qu'on ne peut être sage,
Qu'à force d'éviter ce qu'on voit en usage.

Lestouches.

204

Rien n'eſt, ſelon moi, plus inſupportable qu'un *Parapluie*, & je ſuis en cela l'opinion des Gens de lettres qui regardent ce meuble comme un préſervatif importun, ou comme un vêtement incommode. Il n'eſt pas rare de voir des gens affublés d'une Redingote, armés d'une Canne, fourrés d'un Manchon, & traînant à leur ſuite une longue Epée, ſe munir encore d'une tente de Taffetas bigarré, en ſorte qu'avec tout ce bagage l'on a plutôt l'air de travailler à un déménagement, que de s'acquitter d'une viſite.

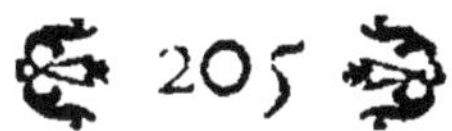

205

Je ne connois d'autre Parapluie qu'une Porte-Cochere, lorſque l'eau tombe par cataracte ; car autrement je ne vois pas trop le mal qu'il y a de ſe mouiller, & de recevoir avec reconnoiſſance ce que la Nature ſemble donner avec tant de généroſité.

206

Un *Fiacre* ne fait ni plaiſir ; ni honneur, ni profit. Etes-vous dedans ? vous vous ſentez ſecouer d'une façon étrange, & propre à ébranler les nerfs, ſi elle facilite la digeſtion. En deſcendez-vous ?— Gare à vos Habits, à votre Linge, à votre perſonne. L'on ſait que pendant une viſite, c'eſt un ver rongeur qui vous force de l'abréger, & de quitter les Compagnies les plus aimables. Pourquoi donc aller en Fiacre ?

207

Je ne connois rien de plus commode qu'un Fiacre. Etes-vous fatigué ? vous trouvez à vos ordres & par-tout un ſiege ambulant qui vous délaſſe en vous voiturant. Etes-vous égaré? un Conducteur obligeant s'offre à vous remettre dans votre chemin, & de vous conduire à vos affaires. Pleut-il? vous trouvez un abri qui préserve l'édifice de votre coëffure des intempéries de la saison. Fait-il crotté? vous l'êtes toujours *un peu* moins dans cette voiture qu'à pied. Pourquoi donc ne pas toujours aller en Fiacre?

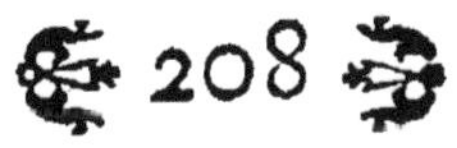

La véritable Philosophie qui n'est autre chose que l'amour du Bon, du commode & de l'Honnête, a fait bien des progrès en ce siecle. Parmi les réformes que nous lui devons, je ne compte pas sans reconnoissance la suppression des *Chapeaux sous le Bras*, usage ridicule, puérile, bisarre, contre lequel les Gens sensés reclamoient depuis long-tems. L'on sort aujourd'hui sans Chapeaux plats; le Manchon en tient lieu, & il faudroit avoir tout-à-fait perdu la tête, pour y trouver à redire.

209

J'ai remarqué que ceux qui prêchoient le plus la Tolérance, étoient en général les plus intolérans des Hommes ; témoins M. de Voltaire, M. d'Alembert, M.*** & beaucoup d'autres. Les Prêtres, au contraire, contre lesquels on crie toujours sans trop savoir pourquoi, les Prêtres sont, la plupart, fort pacifiques ; ils ne persécutent personne, clabaudent bien moins que les Philosophes, & laissent à-peu-près chacun faire à sa guise. J'en excepte quelques Fanatiques ignorans, qui crient comme des Energumenes, se démenent dans une Chaire comme un Diable dans un Bénîtier, & dont les contorsions, les gestes & les fureurs décréditeroient la morale Evangélique, si elle n'étoit pas autant au-dessus des blasphêmes des Athées, que des apologies des Tartufes.

210

Malheur aux Gens de lettres, qui, favorisés des dons de la fortune, ont troqué leurs jambes contre un Equipage, & perdent ainsi l'habitude d'aller à pied. L'on ne sauroit croire combien l'agitation d'une marche, même un peu forcée, tourne au profit de la composition Littéraire. Elle rappelle la pensée par le

développement

développement des facultés qui servent à la produire ; monte l'imagination ; fait ſuccéder le tableau magique des objets qu'elle doit peindre, aux élémens élaborés dans le cerveau pour cette opération difficile : le ſtyle en devient plus animé, l'Ouvrage plus profond, la diction plus vive. O vous qui travaillez pour la poſtérité, fuyez les inſtrumens inventés par le luxe pour abâtardir le Génie! Fuyez les chars, allez à pied, & béniſſez ce Pavé reſtaurateur qui vous rend à vous-mêmes en collaborant à votre gloire.

211

Plaignons le ſort d'un Homme enchaîné par une Paſſion malheureuſe à un objet indigne de lui. Mais plaignons-le mille fois plus encore ſi l'aſcendant qui le maîtriſe, le force à vivre avec une Femme dont le moral eſt tout l'oppoſé du ſien, fait contraſter ſans ceſſe ſes ſentimens avec ſes principes, & ſon Amour avec ſa volonté. Cette ſituation forcée peut, il eſt vrai, tourner au profit du caractere, corroborer la philoſophie, & ajouter à la patience; mais c'eſt presſque toujours aux dépens de nos facultés individuelles. Un tel ſupplice eſt plus cruel que celui de Mezence, & quelques mois paſſés dans cet état, retranchent dix années de la vie la plus robuſte. Jeunes gens, liſez dix-ſept fois ce que vous dit ici le CÉLIBATAIRE, avant de former des nœuds indiſſolubles.

212

La douleur eſt toujours moins forte que la plainte.

Axiome très-vrai, & dont l'application ſe renouvelle ſans ceſſe. Il eſt un déſeſpoir d'oſtentation, comme un Deuil d'étiquette ; & l'un n'eſt pas obſervé avec moins de rigueur que l'autre. Les Femmes, ſur-tout, qui, comme l'on ſait, commandent à leurs larmes, excellent merveilleuſement dans les démonſtrations douloureuſes. Ce qui m'en plaît, c'eſt qu'elles gouvernent leur affliction avec une admirable adreſſe, qui ſait la faire ployer aux circonſtances, ſans compromettre les intérêts du cœur. Telle Veuve ſemble prête à ſuivre ſon époux au tombeau, qui n'attend pas la fin du Deuil pour en choiſir un quatriéme. Tel Mari qui a fait mourir ſa

Femme de chagrin, met tout ſon amour-propre à faire croire qu'il la pleure ſans ceſſe; & malgré la publicité de ſes conſolations, il s'imagine bonnement encore qu'on ajoute foi à ſa douleur.

213

Rien de plus conſolant pour une Ame, amie des Mœurs, que de conſidérer, à Sirap même, celles de l'état mitoyen, de l'honnête Bourgeoiſie, & ſur-tout du Négociant. Je me ſuis ſouvent donné ce plaiſir, & ce n'a pas été ſans éprouver un charme ſecret qui m'y ſollicite ſans ceſſe. Le Marchand de Sirap conſerve encore des mœurs vraiment patriarchales, & le quartier Ste Opportune y eſt ſouvent l'image du Bonheur. J'y ai connu une Maiſon conſidérable tenue par deux Créatures angéliques. Quoiqu'unies par le ſang & l'intérêt, les Enfans de l'une ſont les fils de l'autre. L'œil de l'Obſervateur a peine à diſtinguer la Mere de la Tante, l'Oncle du Pere. Tout eſt en commun dans cette heureuſe Société. La Table y préſente deux fois le jour un coup-d'œil que je n'ai jamais pu voir ſans émotion : vingt-ſix perſonnes réunies, & n'en faiſant véritablement qu'une. L'ordre, la décence & la propreté aſſaiſonnent tout ce que la vertu a de plus aimable, & la beauté de plus ſéduiſant. Couples heureux, famille fortunée, puiſſiez-vous être toujours enchaînés par des liens ſi doux ! Je n'ai pu réſiſter au plaiſir de vous rendre publiquement cet hommage : vous le devez moins à la reconnoiſſance, qu'au ſentiment profond que j'ai reſſenti de votre bonheur. Ce ſeroit y donner atteinte, que d'arracher tout-à-fait le voile que je n'ai fait que ſoulever ; votre nom ſera donc ici un myſtere pour le Public indifférent; vos amis vous ont devinés ſans doute, & cela ſuffit à leur contentement ſans offenſer votre modeſtie.

214

L'uſage des Viſites, imaginé par l'oiſiveté, entretenu par l'intérêt, & ranimé par une vanité ſotte, ne doit s'étendre qu'aux gens du monde. Perſonne n'a plus qu'eux l'art de paſſer trois fois la ſemaine quatre heures conſécutives à s'ennuyer dans une voiture ; de careſſer toutes les portes d'une rue ; de faire retentir à l'ouie du citoyen paisible, tous les marteaux indicateurs d'un quartier solitaire; de fatiguer les escaliers du poids de leur inutilité; enfin de parler sans rien dire, & sur-tout sans rien savoir. A Dieu ne plaise que nous leur contestions toutes ces éminentes qualités; ils en font un trop respectable usage. Mais qu'il soit permis aux Gens de lettres, aux Gens d'esprit, aux Gens occupés sur-tout, de ne faire des Visites qu'au premier de Janvier, & cela pour toute l'année; de n'aller que chez leurs amis, & d'y aller quand bon leur semble,

& même vêtus comme il leur plaît : qu'ils ne ſoyent plus contraints, pour s'acquitter d'un *triſte* Dîner, d'aller viſiter de *triſtes* figures, & perdre un tems précieux en futilités niaiſes: ſinon les Gens du monde ne doivent plus s'attendre à les voir manger chez eux. Ils retourneront à ces bienheureuſes Tables d'hôte dont ils n'auroient jamais dû ſortir ; & les choſes n'en iront que mieux ſans doute, lorſque chacun tiendra ſa place, & gardera ſon caractere.

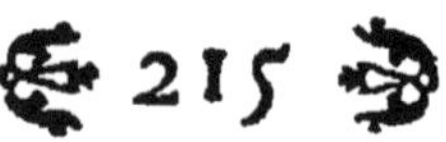

Je ne ſais pourquoi la grande

Lumiere inſpire la joie, développe dans l'ame toutes les facultés vivifiantes, conſtitutives du bonheur, & jette l'Homme dans un état de volupté plus aiſé à éprouver que facile à décrire. Le Soleil ne produit pas cet effet: il inſpire un ſentiment plus doux, voiſin du calme plutôt que de la gaieté, & plus ami du repos que de l'exaltation. L'une eſt cependant le produit factice de l'induſtrie des Hommes, & l'autre le flambeau conſolateur de la Nature. Je laiſſe aux Philoſophes la ſolution du problême; content d'avoir poſé ſeulement une

Question, qui m'a paru neuve, intéressante & curieuse, & que j'ose croire digne de réflexion & d'examen.

216

Je conseille à tout Etranger qui voudra prendre en peu de tems une idée des Mœurs, du Luxe, de la Politesse & des Plaisirs des Sirapiens, de se promener à pied depuis sept jusqu'à onze heures du soir vers la fin du mois de Décembre, dans la partie Commerçante de la rue S. Honoré. Il y trouvera matiere à de nombreuses reflexions, & nous lui ſervirons volontiers de guide dans ſa marche, ou de *Cicerone* dans ſes obſervations.

217

Les Charniers des SS. Innocens ſont encore un lieu bien précieux pour un Obſervateur. Le côté qui borde la rue Aux Fers, préſente une foule d'Hommes de *Lettres*, d'*Ecrivains* malheureux, qui vivent des productions de leur eſprit, & du produit journalier de leur plume. Juchés ſur leurs Tréteaux Philoſophiques, ils ont l'air de Directeurs de conſcience, & l'on peut dire qu'ils liſent à découvert dans toutes celles des Servantes qui ont recours à leur induſtrie. Notre bon ami M. Mercier leur a conſacré un Chapitre de ſon ingénieux *Tableau de Paris*, & moi je leur promets un Paragraphe entier de mon *Coup-d'œil philoſophique*. On y verra des apperçus inconnus aux Gens du monde, des rapprochemens qui pourront piquer leur curioſité, des anecdotes qui faiſant taire chez eux pour un moment l'orgueil & le dédain, exciteront peut-être dans leur âme le ſentiment du Reſpect, de l'Eſtime & de la Bienfaiſance.

218

Le Suicide que nous avons vu très-en vogue à Sirap il y a quelques années, paroît y avoir un peu perdu de ſon crédit. L'excès du malheur peut ſeul autoriſer, je crois, cette manie deſtructive, qu'une philoſophie dangereuſe nous fait regarder comme le terme de nos ſouffrances. Il me ſemble (& je n'ai pas toujours penſé ainſi) qu'il y a plus de courage à ſupporter les maux de la vie, qu'à s'en délivrer par une lâcheté ; & que, ſans parler de la Morale & de la Religion, la légéreté du ſiecle devroit empêcher de ſe détruire, puiſqu'un Homme ne peut jamais être déſhonoré, quoi qu'il faſſe, pendant plus de trois ou quatre mois dans la bonne ville de Sirap.

219

L'on a remarqué qu'une Femme très-gaie n'eſt preſque jamais une Femme ſenſible ; il ſemble que l'excès de la joie nuiſe au développement des affections de l'Ame, & que le contentement ne puiſſe s'allier avec le Bonheur. Par une raiſon conſéquente de ce principe, l'Homme malheureux eſt en général beaucoup plus jovial que celui qui n'a rien à déſirer. Il force continuellement ſon ame à quitter le ſpectacle de la Douleur, pour adopter une joie contrainte dont les autres ſont dupes quelquefois, & s'amuſent preſque toujours. Au reſte la gaieté, qui, dans le Sexe, ſemble exclure la ſenſibilité, ne produit pas cet effet ſur les Hommes; & c'eſt encore un problême à réſoudre, que le réſultat de cette obſervation dictée par une expérience qui ne s'eſt preſque jamais démentie.

J'ai connu des Femmes tellement esclaves de leur Perruquier, que son exactitude ou sa négligence décidoit seule de l'emploi de leur Journée. Elles avoient raison ; car qu'est-ce qu'une Femme sans toilette, à Sirap sur-tout ? N'est-ce pas mille fois pis encore qu'un Auteur sans amour-propre, qu'un Petit-Maître sans bonnes fortunes, qu'un Turcaret sans Cuisinier, qu'un Avocat sans Cause, qu'une Comédie sans Spectateurs, ou qu'un Apothicaire sans sucre.

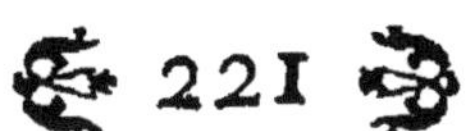

L'Esprit est au Génie ce que la Parure est à la Beauté. L'un est nécessaire à l'autre. Mais la Beauté peut cependant se passer des secours de l'art, comme le Génie des ressources de la mémoire. La conséquence inverse n'est pas toujours vraie ; mais elle est très-commune.

Un Homme de Lettres, connu par l'activité de son esprit, la multiplicité de ses connoissances, & la facilité de son élocution, s'eſt amuſé ſouvent dans le monde à tirer de petits feux d'artifices brillantés, ou, pour nous ſervir du mot propre à la choſe, à donner ce qu'il appelloit lui-même des *Repréſentations*. Ceux qui ont été à portée de ſuivre ce genre de ſpectacle aſſez piquant, la premiere fois qu'on en eſt le témoïn, ſavent que l'Homme dont nous parlons avoit une attention particuliere à varier les pieces ſelon le lieu de la ſcene & la qualité des Auditeurs. Biſarre au Fauxbourg S. Honoré, plaiſant dans le quartier S. Opportune, gai dans le *Pays Latin*, naïf au Palais-Royal, cynique à la Cour, mistificateur au Marais, politique extravagant dans le Fauxbourg S. Marcel, observateur malin sous le quai de Gêvres, chroniqueur désœuvré dans le passage de la Marmite, &c. il employoit un art infini à combiner les effets sur les produits, & l'on peut dire que le résultat de ses amusemens étoit quelquefois un grand plaisir pour les Spectateurs, & toujours une grande jouissance pour l'amour-propre du personnage. Véritable Prothée, il savoit prendre toutes les formes & tous les langages. Tous lui paroiſſoient également familiers, & dans ce concours de ſingularités piquantes, l'on avoit peine à diſtinguer l'Avocat du Marchand, l'Homme de Lettres de l'Apothicaire, le Philoſophe de l'Inſenſé, l'Homme du monde du Hibou, & le Miſanthrope du Petit-Maître.

Enivré de ſuccès qu'il ſavoit cependant apprécier à leur juſte valeur, (car on dit qu'il a véritablement de l'eſprit), flatté de recueillir dans ſes études des matériaux néceſſaires à un Art qu'il idolâtre ; emporté par le feu d'une Jeuneſſe indomptable, &

d'un caractere ennemi, ſur-tout de la contrainte, il oſa porter ſes vues juſqu'à plaire. Mais il s'apperçut bientôt que ce n'étoit pas là le chemin qui conduiſoit au cœur d'une Femme ſenſible. Des traits aiguiſés avec art, & ſans ceſſe émouſſés, lui apprirent, un peu tard, qu'en Amour comme en Politique, le *ſavoir-faire vaut mieux que le ſavoir*, & il ſe vit réduit à quitter le rôle d'Homme ſingulier, pour prendre celui d'Amant timide. C'eſt aux véritables Juges à décider s'il a gagné dans cet échange, & à lui de nous dire ſi les jouiſſances du bonheur ſont préférables aux plaisirs de la vanité. Quant au portrait que nous venons de tracer, il nous a paru si ressemblant à l'*Original*, que nous croyons inutile de le nommer ici, attendu que tout le monde le reconnoîtra probablement.

223

Je ne connois point dans un Etat Monarchique de plus belle profession que celle du Commerce. D'un trait de plume un Négociant commande à l'Univers : son nom seul opere plus de bien que les forces réunies des Conquérans ne peuvent produire

produire de mal. Il n'a pas besoin, comme l'a judicieusement observé M. Sedaine, que la valeur du métal serve de caution à l'empreinte; plus puissant qu'un Roi, sa simple signature est la marque absolue de sa puissance. Son crédit amene l'abondance dans les Villes, la prospérité dans les campagnes, le bonheur dans le sein des familles. Sa voix bienfaisante se fait entendre du Pole à l'Equateur, des Tropiques au Méridien. Il parle, & soudain mille individus prosternés reçoivent ses ordres comme une faveur, &

les accomplissent comme une Loi. Quel état plus digne d'un cœur vraiment ami du bien, d'une ame élevée, d'un caractere ambitieux? Quelles plus nobles fonctions que celles dont le principe est l'Amour de la patrie, & la félicité publique, le produit ? ... Il est vrai qu'un Négociant prévaricateur, qui, au mépris des droits sacrés de la confiance, abuse de ses avantages pour en tirer un parti criminel, a plus de pouvoir qu'un autre pour faire le mal : mais un tel homme, s'il existe, doit être voué à l'exécration du monde entier, & chacun doit s'accorder à le fuir dans sa prospérité, comme à le poursuivre dans sa disgrace. Malheur à l'être foible qui ose défendre ou recéler un Banqueroutier frauduleux! Il devient complice du crime, & sa compassion même est punissable.

224

L'usage des Liqueurs fortes abrutit les sens sans les énerver; l'usage des liqueurs sensitives les énerve sans les abrutir. En général nous croyons que la liqueur est amie des Gens de lettres, dans la même proportion que les

Courtiſannes le ſont des Financiers. C'eſt une denrée dont il faut uſer ſobrement ſi l'on veût en tirer parti ; l'excès en eſt d'autant plus dangereux que ce poiſon eſt flatteur, & que tout ce qui ſéduit les ſens de l'homme, ou favoriſe ſes penchans, l'entraîne tôt ou tard vers ſa ruine, s'il en jouit immodérément. Tant il eſt vrai que dans certaines choſes, & avec de certaines perſonnes, il eſt plus facile de s'*abſtenir* que de ſe *contenir*.

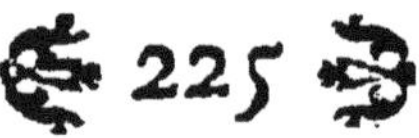

La Rue Tirechappe eſt une

image bien ſenſible & bien vraie de tout ce qui ſe paſſe journellement dans la *Bonne-compagnie.* Les Vîtres des Boutiques enduites d'une craſſe lucrative, & qui favoriſe l'illuſion aux dépens de la bonne foi : des Magazins de Chiffons où chacun va s'aſſortir à ſon choix, & ſe vêtir à ſa guiſe ; des gens qui vous invitent par des coups de poings, & vous déchirent un habit neuf pour vous accommoder d'un vieux (7) : tout, juſqu'au local

(7) Expreſſion originale & plaiſante de *Dufreny*, dans ſon excellent Ou-

des maiſons, la tournure des Habitans, leurs noms, leurs enſeignes, leur genre de vie, & leur croyance ajoute encore à la juſteſſe de notre comparaiſon, & mérite plus que l'on ne croit les regards de l'Obſervateur-Philoſophe, dont la Lorgnette pénétrante recherche plutôt ce qui peut contribuer à l'inſtruc-

---

vrage, intitulé *Amuſemens Sérieux & Comiques*. Le caractere moral de Dufreny, ſa vie, ſes pieces & ſes aventures fourniront la matiere d'un chapitre qui ne ſera pas le moins intéreſſant peut-être de ceux qui composeront nos *Conſidérations ſur l'Art Dramatique*.

tion des hommes, que ce qui doit ſervir à leurs plaiſirs.

226

Il eſt une Vertu bien dégénérée parmi nous, & preſque inconnue dans les grandes villes; c'eſt l'Hoſpitalité. Familiere à nos ancêtres, chere encore à nos ayeux, elle nous eſt abſolument étrangere. La défiance, mere de la sûreté, & fille de l'Egoïſme, la défiance a remplacé ce ſentiment humain qui nous portoit à recueillir nos freres ſans aſyles, ou ſeulement à faire aux Etrangers les honneurs de notre patrie. A la honte de la philosophie orgueilleuſe du Siecle dix-huitiéme, c'eſt chez les Moines, chez ces Moines proſcrits, décriés, avilis par nos mépris injuſtes, qu'il faut aller chercher des leçons de bienfaiſance, de politeſſe & d'hoſpitalité.

227

Un Auteur ingénieux, eſtimable à quelques égards, a fait une diſſertation ſur le *vieux mot Patrie*. Il auroit pu, à bien plus juſte titre, en faire une ſur le nouveau terme *Bienfaiſance*. Ce ſubſtantif imaginé par le bon Abbé de S. Pierre, eſt devenu un ſigne de ralliement pour tous les Egoïſtes, les riches Avares, & généralement tous ceux qui font le bien par oſtentation, ou pour mieux m'exprimer, qui ne le font pas du tout. Le Journal de Sirap, entr'autres, s'eſt ſignalé par ſa patience conſtante à conſacrer tous les jours une colonne à cet article. Il a fait pour cela le ſacrifice de ſa Littérature, des Anecdotes, du Beurre & des Œufs. Je veux croire que cette momeric a pu produire quelque bien . . . .

. . . .

. . . .

. . . .
Mais je persiste à croire, dussent les Gens du monde crier haro sur le CÉLIBATAIRE, qu'en devenant Bienfaisant, l'on a cessé d'être Charitable; & il me semble, qu'à tout considérer, l'un valoit bien l'autre.

228

C'est une chose bien pernicieuse que la Toilette, & sans parler au moral des maux qu'elle cause en ce bas monde, qu'il nous soit permis seulement de déplorer le tems qu'elle fait perdre aux femmes de Sirap. Six heures par jour, au moins, pour édifier une parure qu'il faudra détruire en se couchant : l'impatience, l'humeur, la colere, ou seulement la contention d'esprit qu'il faut apporter à ce *grand œuvre*. Que de tems mal employé, que de soins pour se rendre moins belle, & à-coup-sûr moins aimable ! Femmes jolies ! laissez agir la Nature, elle vous embellira, & l'Art vous enlaidit. Femmes laides ! occupez-vous à parer votre esprit, à cultiver des talens, à faire emploi de votre sensibilité ; & j'ose vous garantir que vous ne craindrez bientôt plus de rivales.

229

L'article des Bonbons est devenu depuis quelques années à Sirap un objet de très-grande considération. La réduction des fortunes, jointe aux progrès du luxe, ayant à-peu-près ruiné tout le monde, l'on a presque abandonné le Bijou pour se précipiter dans la Sucrerie. Les Confiseurs qui ne travailloient autrefois que pour les Baptêmes, sont devenus des Gens d'importance. Aidés du secours des Artistes &

même des Gens de lettres, ils ont ſu mettre à profit les événemens du jour, pour varier leurs ſurpriſes, décorer leurs marchandiſes, & achalander leurs magazins. Delà les Bonbons au Globe, à la d'Eſtaing, à la Figaro (8), &c. &c. Tout cela eſt fort joli, fort bon à manger, & d'un prix très-mo-

---

(8) Ce nom rappelle naturellement celui de l'Artiſte eſtimable qui a le mieux réuſſi dans cette derniere Chaterie. C'eſt *M. Berthellemot, Marchand Confiſeur, rue de la Vieille Bouclerie, à Paris*. Rien de plus ingénieux & de plus parfait que ſes Bonbons à la Figaro. Ils ne le cedent qu'aux excellentes *Piſtaches à la Portugaiſe* dont tout le monde ſait qu'il eſt l'inventeur, & qu'on ne peut comparer mieux qu'à l'Ambroiſie des Divinités du Paganiſme.

dique. Ce dernier point, ſur-tout, paroît avoir déterminé le goût du Public, & la rue des Lombards l'emporte aujourd'hui ſur la rue S. Honoré.

230

Il eſt de la Politeſſe de ſe retirer d'un Cercle ſans prendre congé de perſonne, & de s'éclipſer comme un Voleur ſans rien dire, & même ſans ſaluer. Je n'ai pu rien comprendre encore à une maniere auſſi nouvelle d'être honnête, & j'avoue que l'inobſervation de cette étiquette m'a ſouvent fait faire mille gaucheries. Il me paroît, n'en déplaise à nos Messieurs du bon ton, souverainement ridicule de sortir ainsi d'une Assemblée ; & si j'avois l'honneur d'être Maître de Maison, je regarderois comme une espece d'affront ce qui dans nos mœurs actuelles passe pour la Rocambole du savoir-vivre.

231

Maudit soit l'animal nécessaire, qu'on nomme un Perruquier. Sécher d'impatience tous les matins, jurer comme un Renégat, manquer toutes ses affaires, voilà les moindres inconvéniens de cet usage ridicule, qui ne permet à personne de sortir de chez soi sans avoir fait au préalable mastiquer ses cheveux d'une livre de Suif, & plâtrer son visage d'un demi-litron de Farine.

Bénie sois-tu, O Perruque bienfaisante qui me rends à moi-même, à mes travaux, à mes amis, à mes devoirs, & à mes plaisirs. Compagne fidele & sédentaire, je te trouve toujours au besoin. Que les inutiles se réjouissent s'ils le veulent, de ma grotesque figure; qu'ils plaisantent cette adoption prématurée d'une chevelure étrangere chez celui à qui la Nature n'a rien refusé à cet égard. Il est tout simple que les sots rient de ce qu'ils ne connoissent pas ; que les Gens du monde critiquent sans savoir ; & sur-tout que les agréables & les petites Maîtresses ignorent le prix du tems d'un Homme occupé, & se moquent de lui précisément parce qu'il ne perd pas en toilette inutile ses instans les plus précieux d'une vie, hélas ! trop courte pour l'ami du savoir, & l'être jaloux de s'instruire.

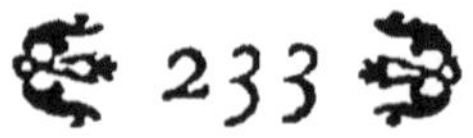

Eſt-il un uſage plus odieux, plus inhumain & plus barbare, que celui de faire précéder des chars déjà tant meurtriers par eux-mêmes, par des Animaux plus meurtriers encore? Ces *Danois*, auſſi cruels que leurs maîtres, & non moins inſolens, dont la courſe précipitée menace à chaque inſtant la vie de nos Vieillards, de nos Enfans & de nos Femmes; ces produits d'un luxe inſultant & bête, qui multiplie les vexations de l'opulence, en accroiſſant les dangers de l'honnête médiocrité, ont toujours fait sur mon Ame une impression profonde & douloureuse. Je ne puis voir sans amertume ces instrumens d'inhumanité féroce, qui, loin d'avoir un but utile, ne sont que des agens de destruction ; & lorsque je pense que les jours du malheureux J. J. Rousseau ont été avancés par cette cause funeste, mon cœur se gonfle, mes veines s'enflent, mon sang s'allume, & si dans cet instant l'un de ces oppresseurs sanguinaires se présentoit à mes yeux, je ne répondrois ni de mon impétuosité, ni de son existence.

234

J'ai remarqué que les Chiens de *Bonne-compagnie* reſſembloient en beaucoup de choſes à leurs Maîtres. Inſolens, hargneux & poltrons ; accoutumés à gronder l'homme ſimple dont l'habit n'eſt pas chamarré des livrées du luxe, ils ſemblent poſtés dans un Appartement, pour en écarter la vertu modeſte, & le mérite ami de la ſimplicité. C'eſt à ceux qui vivent dans la Bonne-compagnie par excellence, de décider s'ils y réuſſiſſent : quant à moi, il m'a ſemblé chaque fois que j'ai eu le malheur d'y paroître, que les *Toutous* faiſoient admirablement bien leur devoir.

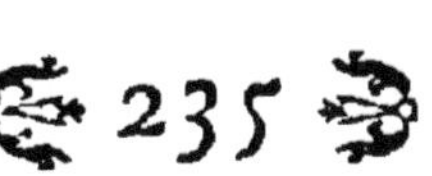

235

Je ne hais point les Animaux, & je ſuis fort éloigné de chercher à leur faire aucun mal; mais je ſuis révolté ſouvent, & des careſſes qu'on leur prodigue, & des ſoins minutieux qu'on en prend, & de l'attention qu'on leur accorde. La meſure des *Egards* (c'eſt le mot) dont on les honore, eſt comme pour beaucoup d'autres choſes, en raiſon inverſe & progreſſive de leur inutilité. Le Cheval eſt relégué dans l'Ecurie ; le Dogue fidele dans la Cour ; le Barbet induſtrieux dans l'Antichambre ; l'inutile Epagneul & le Singe malfaiſant ont ſeuls le privilége de partager le Boudoir de leur Maîtreſſe, & très-ſouvent ſon lit.

Le Spectacle continuel de la Servitude, & d'une abnégation abſolue, eſt peut-être ce qui attache ſi conſtamment les Gens du monde à l'eſpece *Canine*. C'eſt par la raiſon oppoſée que le Chat eſt l'animal favori des

Gens de Lettres, & presque le ſeul qui ſoit admis dans leur intérieur. Le Chat, emblême de la liberté, & ſur tout de l'indépendance, a conſervé ſon caractere originel; & c'eſt, ſelon moi, ſon plus bel ornement. La domeſticité n'a produit en lui qu'une demi-civiliſation, qui rend ſes careſſes intéreſſantes, & ſon attachement non ſuſpect. Il contraſte parfaitement avec ce qui nous entoure; & c'eſt ſans doute la crainte d'une comparaiſon qui ne ſeroit pas à leur avantage, qui l'a fait bannir de chez les Grands.

237

J'ai une répugnance invincible pour ce qu'on appelle dans le monde *être présenté*. Arriver dans une Maiſon inconnue ſous les auſpices d'un *protecteur* ; faire timidement la révérence; s'entendre louer de la bouche & critiquer des yeux : tout cela s'accorde peu avec un caractere franc, ouvert, & ſur-tout ennemi de la contrainte. Lorſque je deſire connoître quelqu'un, je ſuis moi-même mon introducteur & mon parain ; & j'ai remarqué que cette maniere originale de m'annoncer

noncer m'avoit réussi presque toujours.

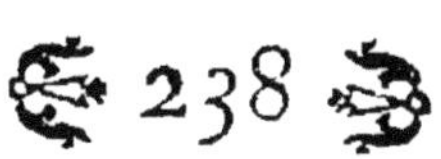

238

Les Sirapiens, qui se piquent de la plus grande recherche dans tout ce qui a quelque rapport à l'ostentation & à la bonne chere, ont fait, ce me semble, bien peu de progrès dans l'Art de distribuer à Déjeûner à leurs Convives. Un Valet mal-adroit circulant de rang en rang, chargé d'une lourde Caffetiere, dérange tout le monde, ne satisfait personne, & tache tous les habits. Pour des hommes qui se piquent de goût, cela me paroît bien grossier & bien mesquin. Que l'on compare à cette manœuvre celle que j'ai vue en usage chez un Particulier qui ne se pique pas, il est vrai, de voir la *Bonne-compagnie*, & qui ne reçoit guère chez lui que des Gens d'esprit..... Deux superbes masques de Satyres (en bronze) dont les bouches généreuses distribuent à volonté les trésors de la Chine & de l'Arabie (9) : tout l'appareil des préparations relégué dans une autre piece, en sorte qu'on jouit des effets sans connoître les causes. Nul embarras : au-

(9) Ces deux Têtes, & toute l'exécution de cette Mécanique ingénieuse

cun dérangement, & ſur-tout point de domeſtiques. Tels ſont, en trois mots, les ſinguliers avantages qui m'ont frappé d'abord à ces *Déjeûners Philoſophiques*, que la haine du vin & des Sots, que l'amour des Lettres & du Caffé m'ont paru caractériſer principalement.

ſont dues aux ſoins de M. *HÉBAN*, *Maître Fondeur*, *Cizeleur & Doreur*, *rue du Four S. G.* C'eſt avec un véritable plaiſir que nous nous empreſſons d'indiquer aux Amateurs cet Artiſte habile, diſtingué par des connoiſſances auſſi multipliées qu'étendues, & de lui payer nous-mêmes un juſte tribut d'eſtime & de reconnoiſſance.

239

L'Amour-propre eſt toujours moins inſupportable que la Vanité. On ſouffre un homme qui ſe loue lui-même ; mais on rejette celui qui mépriſe les autres.

240

Il n'y a guère à Sirap que les Charlatans qui ſont Fortune. Les inventions utiles percent difficilement, ou ſont bientôt abandonnées. L'on n'a ſongé pendant deux ans qu'aux puériles Ballons, & les *Bougies phoſpho-*

riques (10) n'ont fait qu'une impreſſion momentanée dont il ſe conſerve à peine un léger ſouvenir. Il me ſemble cependant qu'une découverte véritablement

---

(10) Parler des Bougies Phoſphoriques, c'eſt rappeller naturellement le nom du Phyſicien habile qui les a pouſſées à leur dernier degré de perfection. M. *Catanio*, célebre Conſtructeur d'inſtrumens de Phyſique, établit les ſiennes au prix modique de 24 ſ. la douzaine ; elles ſont toutes à l'épreuve, & jamais aucun accident n'a réſulté de l'uſage qu'on en a fait. Ce Savant aimable, communicatif & modeſte, demeure à Paris, ſous le grand Veſtibule des Thuilleries, & au Palais-Royal, n°. 188.

néceſſaire aux beſoins uſuels de la vie, méritoit un peu plus d'accueil, qu'un enfantillage ridicule qui malgré la derniere extravagance du Sr Blanchard, ne ſervira jamais de rien.

241

J. J. Rouſſeau témoigne certes un grand mépris pour les Valets, lorſqu'il les appelle *les derniers des hommes, après leurs Maîtres* : mais nous croyons qu'à tout prendre, il les a mis à leur véritable place. Rien n'égale, à Sirap ſur-tout, l'inſolence & la fainéantiſe de cette claſſe d'hommes corrompus qui ont échangé leur liberté contre le mépris. Abſolument incapables de zèle & d'attachement, l'intérêt ſeul les domine. Mieux nourris, mieux payés, mieux vêtus que la plupart des Ouvriers & même des Bourgeois, ils n'en ſont pas moins Eſpions, Ivrognes & Voleurs... Il eſt vrai que la ſociété des Gens du monde n'eſt guère faite pour leur inſpirer l'amour de la vertu; & qu'à tout conſidérer, un Homme d'eſprit eſt à-peu-près auſſi déplacé dans un Sallon que dans une Antichambre.

P. S. Le nombre de *241* étant un nombre myſtérieux, qu'il ne nous eſt point permis d'outre-paſſer, nous nous trouvons forcés de nous arrêter ici : mais ſi le Public accueille cet Opuſcule *ſeulement* avec indulgence, nous nous engageons à lui en livrer encore *deux petits Volumes* avant la fin de l'année.

Parmi une infinité de choſes curieuſes, on ne lira pas ſans intérêt dans cette *Suite*, l'hiſtoire des *Marrons du Palais Royal*, la découverte des *Allumettes à la fleur d'orange*, la relation véridique d'un *Repas ſingulier*, les avantures du *Bon M. Aze*, quelques *Voyages nocturnes* dans la bonne ville de Sırap, & pluſieurs autres morceaux d'autant plus philoſophiques, qu'ils tiennent à l'étude approfondie de nos Mœurs & à une connoiſſance particuliere de nos Uſages.

AVERTISSEMENT

SUR LA LETTRE SUIVANTE.

M. le Vicomte de Toustain-Richebourg, moins recommandable par l'éclat d'une naissance illustre que par un mérite personnel qui releve ses autres avantages, & pourroit au besoin les remplacer, nous a fait parvenir sur la troisiéme édition de notre dernier Ouvrage, une Lettre *dont nous nous empressons d'enrichir celui-ci. Sa modestie ayant cédé à nos instances, c'est de son aveu que nous imprimons ce morceau, & la reconnois-*

ſance de nos Lecteurs ſaura bien nous dédommager ſans doute de ce qu'il en coûte à notre amour-propre pour le publier.

Notre projet avoit d'abord été de répondre *à la Lettre de M. de Touſtain ; mais notre ami le* Capucin , *que nous avons ſoin de conſulter preſque toujours pour faire enſuite à notre tête (comme c'eſt aſſez l'uſage de tous les Conſultans), nous a détourné de ce projet. Il a bien voulu ſeulement ſe charger de rédiger quelques* Notes *que nous imprimons ſans les garantir, nous réſervant de traiter plus à fond les matieres dont elles parlent, dans nos* Conſidérations ſur l'Art Dramatique, & *sur-tout d'expliquer une fois pour toutes notre opinion sur M. de Voltaire, de façon à rassurer nos* bons Amis *les Philosophes, & à mistifier convenablement ceux qui ne sont ni l'un ni l'autre.*

D'après cela, nous nous croyons dispensés d'entrer dans un plus grand détail sur les objets que renferme la Lettre de M. le Vicomte de Toustain, & nous bornant à consacrer ici ce foible témoignage de notre reconnoissance, nous desirons pouvoir justifier quelque jour la trop flatteuse opinion qu'il a bien voulu concevoir, & de notre personne, & de nos Ouvrages.

LETTRE

De M. le Vicomte de Toustain à M. Grimod de la Reyniere, A. A. P. M. D. P. A., sur la troisiéme édition de ses Réflexions Philosophiques sur le Plaisir.

Potiùs discendo quàm docendo.

MONSIEUR,

L'ESTIME est ennemie des déguisemens, & vous aimez trop la vérité pour la craindre. Ainsi j'aurai l'honneur de vous expoſer avec toute la franchiſe qui nous convient, mon foible avis ſur votre intéreſſante production. Je m'étendrai peu ſur les acceſſoires & les préliminaires inſérés dans la *troiſiéme* édition. Il me ſuffira d'obſerver que je les ai lus avec trop d'intérêt pour n'avoir pas été fâché de rencontrer une ſortie un peu vive contre les Philoſophes, en tête d'un livre, intitulé *Philoſophique*, & digne de ce titre ſi reſpectable à le prendre, comme faiſoit Pythagore, dans ſon acception naturelle. Je ſais parfaitement, Monſieur, que tous les partis, (puiſqu'il s'en trouve dans les professions, les occupations, les discussions, les récréations les moins faites pour l'esprit de cabale) s'accordent à respecter la vraie philosophie, en ne dénigrant que la fausse. Mais lorsqu'un homme de poids s'échappe à parler indéfiniment contre les Philosophes, des insensés s'en prévalent pour mêler sa voix aux aboiemens de ces ennemis de la sagesse, qui s'efforcent d'indisposer le Gouvernement & la société contre ceux qui se détournent du systême ou de l'indifférence vulgaires sur certains objets de ſpéculation. Ces derniers ne tiennent-ils pas ordinairement le plus aux loix, aux mœurs, à la patrie, à l'humanité, par des principes & des liens qui peuvent bien à certains égards réunir des penſeurs entr'eux, mais qui n'en feront jamais un troupeau de factieux & de ſectaires?

Permettez-moi de vous rappeller à cette occaſion un paſſage de M. *Paliſſot*, propre à reſſerrer la connoiſſance que vous avez avec lui (11). « Si nous » nous ſommes élevés avec force » contre l'orgueil de quelques

» Fanatiques de philoſophie, » qui pourtant ne laiſſoient pas » d'avoit à leur tête quelques » Ecrivains d'un mérite diſtin- » gué, nous croyons devoir, à » bien plus forte raiſon, ne pas » épargner d'autres Fanatiques, » qui commencent à ſe réunir en » Secte ſous le nom d'*Antiphi-* » *loſophes* : nom qui véritable- » ment leur convient dans toute » la force du terme : petits In- » quiſiteurs de Robe-courte, » qui, ſans aveu & ſans miſſion, » s'ingerent à chercher par-tout » le prétendu venin de la phi- » loſophie. Ce n'eſt point aux

» opinions erronées qu'ils en » veulent ; c'eſt à des Ecrivains » eſtimables dont ils oſent être » jaloux, & qu'ils ont l'audace » de diffamer, de maniere à inſ- » pirer quelque crainte, ſi d'ail- » leurs on n'étoit pas raſſuré par » leur impuiſſance. Il eſt aiſé de » reconnoître ces Tabarins d'Hi- » pocriſie, à leur affectation de » venger Dieu en outrageant » les hommes ». Vous ſerez ſû- rement charmé, Monſieur, de relire cette vigoureuſe & ſage tirade dans le *Journal François*, du 15 Septembre 1777 ; & je vous fais la triſte prédiction que l'ingénieux Auteur des *Réflexions Philosophiques sur le Plaisir*, aura son tour pour être déchiré comme *Philosophe* par ces vrais détracteurs du bon sens, & prétendus défenseurs de la Religion, qui ne rougissent pas d'*allier Pasquin à l'Evangile*, & ne sont ni réservés sur les fausses citations, ni sobres en plattes épigrammes, ni retenus dans les plus extravagantes déclamations (*a*).

(*a*) Puissent non-seulement les Ecrivains en tout genre, mais en général les hommes de tout pays, de tout rang & de toute profession, s'inculquer cette

Je regrette, Monſieur, que vous n'ayez trcuvé que de l'emphaſe dans les Ouvrages de M. *Thomas* (12). Le luxe de ſon ſtyle peut en avoir quelquefois altéré la force & ſurchargé la magnificence; mais il n'en a jamais détruit la richeſſe fonciere. *L'Eſſai ſur les Femmes*, qui malgré

---

belle & touchante obſervation de Greſſet :

Malgré tout le ſuccès de l'eſprit des Méchans,
Je ſens qu'on en revient toujours aux bonnes gens.

On ſent bien que par *bonté* je n'entends pas la tolérance exceſſive, ou l'impunité du vice & du crime. *Note de M. de Touſtain.*

l'intérêt du ſujet, n'eſt pas la plus eſtimée de ſes productions, auroit beaucoup honoré d'autres Ecrivains, & ne doit pas effacer les louanges que le goût, le génie & le ſentiment donneront toujours aux Eloges de du Guay-Trouin, de Sully, de Deſcartes, de Marc-Aurele, à l'Eſſai ſur les Eloges, à l'Ode au Tems.

Je vous demanderois pardon, Monſieur, de cet excès de candeur, ſi je n'avois gravé dans ma mémoire ces morceaux de votre Préface, qui ne ſont pas ſans analogie avec ma propre maniere d'être. « Nés avec un

» goût décidé pour les Beaux
» Arts, nous nous ſommes vus,
» dès nos plus jeunes années,
» entraînés par une impulſion ir-
» réſiſtible dans la carriere des
» Lettres. C'eſt en les cultivant,
» que nous avons cherché le
» bonheur & le repos..... La
» Littérature eſt devenue pour
» nous une Amie éclairée & ſen-
» ſible, qui, nous délivrant du
» joug des paſſions dans un âge où
» l'on ne ſe ſouſtrait guère à leur
» empire, nous a conduits par
» des ſentiers de fleurs à cette
» Philoſophie douce & tranquil-
» le .... qui reſpectant les Mœurs

» & la Religion, liens sacrés de » toute Société, nous fait un de- » voir d'aimer les Hommes sans » les craindre, & de vivre avec » eux sans les haïr ». Or, Monsieur, ne sont-ce pas ces goûts & ces sentimens exaltés par un noble enthousiasme pour l'honnête & le beau, qu'inspire la lecture des éloquens Ouvrages de M. Thomas? Cette apologie, dont il n'a pas besoin, il l'excusera, j'espere, dans la bouche *du disciple inconnu d'un si glorieux Maître.*

Je vous sais bon gré de rappeller ce mot de Duclos; *Les*

Gens du monde redoutent les Gens de lettres, comme les Brigands craignent les Réverberes. Cet Obſervateur entendoit principalement les gens du très-grand monde ou les Gens en place, leſquels, à la vérité, dans un pays où le pouvoir enchaîne la langue & juſqu'aux opinions, n'ont guère d'autres ſurveillans ou Moniteurs que les Gens de lettres. Mais l'impartialité qui doit toujours diriger notre ame & notre plume, nous force à convenir auſſi que trop de nos Confreres en Littérature ou Scribomanie, ſont plus comparables à des Lanternes ſourdes qu'à des Réverberes, & que même dans la claſſe de ceux qui ont acquis & mérité beaucoup de réputation, pluſieurs diſgracient leurs talens par leurs travers. Il s'en trouve de lourds comme des Pédans de Séminaire, d'étourdis comme des Ecoliers, d'entêtés comme des Enfans, de vains comme des Farceurs, d'iraſcibles comme des Femmelettes, d'égoïſtes comme des Courtiſans, d'orgueilleux ou rebutans comme certains Commis. La vraie Littérature eſt une eſpece de Sacerdoce dans lequel

lequel on a droit d'exiger plus de perfection de ceux qui sont faits pour donner l'exemple & le précepte. Le mêlange de modestie, de politesse & de dignité qui leur convient, est sagement enseigné dans l'*Essai sur les Gens de Lettres*, de d'Alembert, dont je citerois l'exemple, si ce Savant illustre vivoit encore. Passons à l'Ouvrage même, aux *Réflexions sur le Plaisir*.

Ici, malgré les critiques superficielles des Gens du monde, & les censures partiales de quelques Journalistes, j'avoue de bonne foi que je goûte la satisfaction de ne lire que des phraſes qui plaiſent à mon eſprit & à mon cœur. Le ſtyle en eſt à la fois ſi noble & ſi coulant, qu'il me rend le goût difficile, & me fait preſqu'appercevoir des taches dans cette tournure moins naturelle de la ſixiéme ligne de la page 76, où vous ſubſtituez *Divinité conſolatrice* à *Don conſolateur*, & *les Dieux* à *le Ciel.* Mais ſi par haſard j'ai raiſon, vous n'aurez néanmoins pas tort; car ceci peut ſe regarder plutôt comme *Errata* que comme *Erreur* (13).

Tant de Femmes eſtimables

approuvent d'un bout à l'autre votre Paragraphe ſur leur ſexe, dont elles voyent que vous n'êtes ni l'adulateur ni l'ennemi, que je m'applaudis d'y avoir également ſouſcrit, même avant de les conſulter. Leur mérite, ſans les rendre accuſatrices de qui que ce ſoit, leur donne le tact des applications & des exceptions; mais je ſuis fâché de la Note 21 page 84. Croyez, Monſieur, que de bonnes raiſons puiſées dans l'ordre naturel & dans les convenances ſociales, ont choiſi le ſiége principal de l'honneur chez le beau ſexe:

vous les pénétrez (*b*), le Public les ſent, J. J. Rouſſeau & M. Rétif les ont développées.

Page 86, la penſée vraie ou fauſſe qu'un Grand-pere aime mieux ſon petit-fils que ſon fils, parce qu'il voit un vengeur dans le premier, étoit plus ancienne que Monteſquieu, par qui elle avoit été exprimée avant de l'être par Helvetius & par vous. Rien de plus vrai que le Proverbe ſur ces ſortes de rencontres, qui ne ſont ni des plagiats ni des rémi-

---

(*b*) Peu s'en faut que vous les ayez indiquées page 111.

niſcences. Mais je puis vous obſerver, Monſieur, que vous ne lirez pas ſans beaucoup d'intérêt cet Helvetius qui joignoit une ame humaine & patriotique à la Profeſſion financiere, & la pratique d'une philoſophie active & bienfaiſante aux ſpéculations de la Métaphyſique & aux talens du génie. Dans ſes Terres du Maine, pluſieurs années après ſa mort, j'ai vu les pleurs que ſon ſeul nom faiſoit répandre aux Habitans qui le citoient comme le modele des Riches & le pere des Pauvres. Vous ſavez, Monſieur, que la morale évangélique étoit moins blessée par les sophismes du Saducéen que par l'orgueil & l'hypocrisie Pharisaïques. Hélas ! malgré votre assertion de la page 90, nous avons encore plus de Tartuffes de Religion, que de Tartuffes de Mœurs.

Passant au Paragraphe des Jeunes-gens, je conviens avec vous, Monsieur, que le séjour des grandes Villes fait disparoître l'inégalité des rangs & des titres; mais je ne conviens pas que la société en recueille de grands avantages, puisqu'à cette inégalité qui n'est pas inutile au maintien des diverſes claſſes de l'ordre civil, en ſuccéde une autre qui fait évanouir à jamais ce beau rêve ou vœu de la fraternité parmi les hommes. Je parle de l'exceſſive diſparité de fortunes qui finit par tout renverſer, tout confondre & tout corrompre, ſi la différence ou du moins l'opinion des droits de la naiſſance ceſſe d'en être le contrepoids & le frein. Plus le ſeul argent donne de pouvoir & de conſiſtance, plus on ſacrifie le tems, l'eſprit & la vertu pour en acquérir. Telle eſt, Monſieur, la baſe immuable de mes réponses aux sophismes qu'ont suggérés le Luxe & la mollesse pour colorer la funeste & scandaleuse vénalité des charges de Magistrature & des emplois Militaires. Poursuivons.

Si le Mariage, dites-vous, n'étoit pas d'institution divine, ce seroit sans doute la plus respectable des Associations humaines. Je crois, Monsieur, qu'il n'y a pas un Lecteur (14) honnête, raisonnable & sensible qui n'applaudisse à ce début & à tout le chapitre. Je me félicite bien de m'être rencontré sur ce point avec vous dans quelques Opuscules ſortis de ma foible plume, & notamment dans un de ceux que les Etats de Bretagne me firent l'honneur de dépoſer à leur Greffe en 1776, ſous le titre de *Pro Aris & Focis.* « Le Mariage, dit Richardſon, » eſt le plus ſublime état de l'A- » mitié ». Mais comme il doit aſſurer la proſpérité des Empires ainſi que le bonheur des Particuliers, je ne ſais laquelle domine plus violemment ou de l'injuſtice ou de la folie, chez les Gouvernemens qui favoriſent plus les Célibataires que les peres de familles, & qui fomentent l'abus de préconiſer plutôt la ſtérilité que la fécondité du beau ſexe. Je vous appliquerai, Monſieur, ce que vous dites de M. Rétif. C'eſt que tout n'en iroit que ſur un meilleur pied, ſi les femmes connoiſſant mieux leurs véritables intérêts, pouvoient ſe pénétrer de vos maximes comme des ſiennes. Mais c'eſt encore à la Puiſſance publique à donner quelqu'efficacité ou ſanction aux plans propoſés pour la réforme néceſſaire dans l'éducation phyſique & morale, comme dans l'influence ſociale de cette charmante & délicieuſe moitié de l'eſpece humaine. Je ne ſurchargerai pas ma Lettre du volume que cette matiere importante & délicate m'inſpireroit.

Paſſant à la derniere Section, je vous avoue ne pas trop entendre la phraſe où vous annoncez que le Célibat ne finira qu'après le monde (15). Je ne vois pas non plus, Monſieur, que la réformation du point de diſcipline, qui, plus auſtere pour le Clergé de la Loi de grace que pour celui de la Loi de rigueur, prive nos Eccléſiaſtiques du principal caractere d'homme & de citoyen, entraînât l'hérédité des bénéfices plus que le Mariage des Officiers de Guerre n'entraîne l'hérédité des Lieutenances de Roi, des Compagnies, & de toute eſpece d'emploi Militaire.

Nos ſentimens ſur tout le reſte, ſont, à ma grande ſatisfaction, tellement unanimes & conformes, que ma plume ne peut mieux faire que de renvoyer à ce paſſage de la vôtre, (pages 124 & 125) ſur les unions tardives & mal aſſorties, dont quelques-unes rappellent le ſupplice inventé par Mezence. Gardons-nous cependant d'aſſimiler aux noces ridicules d'Isabelle & de Cassandre, tous les Mariages de Vieillards avec de Jeunes personnes ; & ne lançons aucun trait contre la reconnoissance & la vénération bien fondées des chastes imitatrices de la Bru de Noémi envers les nobles imitateurs du généreux Booz.

Je compte respirer, Monsieur, le parfum des fleurs que vous promettez de répandre sur la tombe de DORAT & de FRÉRON ; & je me dis à *fortiori* quel sera donc son enthousiasme pour le miraculeux Voltaire (*c*), pour

(*c*) Depuis l'Essai sur l'Histoire de

ce favori de toutes les Muſes, à la dépouille duquel on n'a penſé refuſer une place dans nos

---

Normandie, composé avant dix-huit ans, en 1764, & publié en 1766, juſqu'à la Morale de Moyſe, imprimée en Août 1784, & déjà traduite en Italien, j'ai prouvé dans pluſieurs Opuſcules en proſe & en vers, que ma juſte & profonde admiration pour Voltaire ne me fermoit pas les yeux ſur ſes défauts. Mais qui peut ignorer qu'en tout genre l'imperfection fait l'apanage de notre foible nature, & que le plus grand homme n'eſt jamais exempt de petiteſſes? Eh! quel ſeroit donc le prix ou le fruit des lumieres humaines, ſi elles ne nous portoient à la reconnoiſſance & à la vénération pour ceux de

Cimetieres, que parce qu'on a cru ſans doute, ſelon l'idée de M. Roucher, que toute terre où repoſe la cendre d'un grand homme, devient dès-lors comme ſacrée? O Girardin! combien de pélérinages illuſtres en votre Iſle des Peupliers, depuis qu'elle renferme les oſſemens du Pere d'*Emile* & de *Julie*, tandis qu'on voit avec dédain dans nos temples les Epitaphes menſongeres & faſtueuſes qui couvrent le

nos ſemblables qui nous éclairent, comme à l'indulgence & à l'amour pour ceux que nous eſpérons éclairer. *Note de M. de Touſtain.*

Mauſolée de l'homme puiſſant qui a fait le mal ſur la terre ! C'eſt ainſi que Silius-Italicus rendoit à la tombe champêtre de Virgile, les honneurs qu'un peuple ſtupide portoit à la mémoire des tyrans qui avoient aſſervi & déchiré la République.

Puiſſent, Monſieur, tous les Gens de lettres Célibataires, mériter plutôt l'éloge que vous en faites, que la réclamation d'un Académicien qui reprochoit à pluſieurs la manie de ſe croire les premiers hommes du monde, tandis que la liberté qu'ils ſe donnoient de renoncer à toutes obligations & fonctions sociales pour s'adonner exclusivement à des compositions oiseuses, prouvoit le peu d'utilité que le monde pouvoit attendre d'eux, & par conséquent le peu de considération qu'il leur devoit! Mais ceci ne s'adresse point aux illustres Célibataires que vous avez en vue, & dont le nom seul marque avantageusement le tribut de Génie, de Talens & de Services qu'ils ont payé à la société.

Me permettrez-vous, Monsieur, de vous observer, en finissant, combien j'aurois désiré trouver dans vos ingénieuſes *Réflexions ſur le Plaiſir*, un Chapitre ſur les moyens de ramener ou de fixer cet agrément trop fugitif chez la Nation qui paroît la plus propre à l'inſpirer & à le ſentir (16). Ce moyen tient à des cauſes politiques & morales, dont le germe eſt ſenſible, & dont le développement ſeroit digne de votre plume. Vous démontreriez mieux qu'un autre, comment la ſageſſe & la gaieté ſont deux ſœurs qui peuvent naître d'une légiſlation bien aſſortie au caractere du peuple qu'elle concerne. Dans les plus récentes productions à ce ſujet, ſur lequel j'ai moi-même haſardé d'écrire, on peut citer les *Vues d'un Solitaire Patriote*, & ſur-tout le livre patriotique, intitulé : *Le Bonheur dans les Campagnes*. Ces deux bons Ouvrages peuvent s'entre-ſervir de complément & de correctif.

Pardon, Monſieur, de ma longueur. Si vous prenez la peine de lire ma Lettre entiere, ſouvenez-vous de grace qu'elle tend bien moins à donner des avis qu'à en demander.

Je ſuis, &c.

Signé, TOUSTAIN-RICHEBOURG.

Paris, 20 *Novembre* 1784.

NOTES DU CAPUCIN,

sur la Lettre précédente.

(11) Les ennemis même de M. Palissot ne peuvent disconvenir qu'il tient aujourd'hui le sceptre de la Littérature françoise ; ce n'est donc pas à ceux qui s'honorent en toute occasion de son amitié, à chercher les motifs de la contradiction qui paroît se rencontrer entre le n°. 17 du *Journal François*, & la *Dunciade* & la Comédie des *Philosophes*, &c. Nous remarquerons seulement, que, si cet article annonce dans M. Palissot un mépris souverain pour les *Tabarins d'hypocrisie*, il ne prouve pas non plus une grande estime pour MM. les *Philosophes* modernes ; & nous croyons qu'en cela comme en bien d'autres choses, le

Célibataire se rapproche beaucoup de notre célébre Aristophane.

(12) J'en demande pardon à M. de Toustain, mais tout en rendant justice aux qualités morales de M. Thomas, qualités qui le rendent cher à ses amis, & précieux à la société ; tout en louant son imagination brillante & ses intentions vertueuses, je n'ai jamais pu m'accoutumer à le regarder autrement que comme un excellent Ecolier de Rhétorique ; je ne puis donc, en conscience, blâmer le *Célibataire* d'en avoir eu, à-peu-près, la même opinion.

(13) M. Grimod de la Reyniere nous a dit qu'il étoit parfaitement d'accord sur le mauvais choix des expressions que lui reproche ici M. de Toustain. Il avoit cru devoir adoucir la Pensée déjà très-forte par elle-même, en substituant *Divinité* à Don & *Dieu* à Ciel ; mais il reconnoît avec plaisir une *Erreur*, qu'il

s'empreſſera de corriger, ſi le Public lui donne l'occaſion de réimprimer une *quatriéme* fois ſeulement ſes *Réflexions Philoſophiques ſur le Plaiſir.*

(14) M. l'Abbé Royou, connu pour un homme *raiſonnable*, ſenſible, prudent & ſur-tout *trés-honnête*, n'a pas été de cet avis. Dans l'extrait formidable de nos Réfl. Phil. (Jour. de Monſieur, 1783, N°. 7) il qualifie de *jargon amphigourique*, & d'une *recherche à prétention de mots diſcordans* l'article que M. le Vicomte de Touſtain juge ici avec tant d'indulgence. Cette diverſité d'opinions jettera ſans doute nos Lecteurs dans un Pyrrhoniſme aſſez embarraſſant, & nous ne pouvons leur conſeiller qu'une ſeconde lecture du N°. 164 de la *Lorgnette* pour eſſayer de le diſſiper.

(15) Il me ſemble que cette phraſe n'auroit pas dû paroître obſcure à un Littérateur auſſi verſé dans les Saintes

Ecritures, que l'eſtimable Auteur de la *Morale de Moyſe.* La récompenſe des Juſtes dans l'autre Vie étant, ſelon notre ſainte croyance, un *Célibat perpétuel*, il nous ſemble aſſez raiſonnable de penſer que cet état ne finira *qu'après* le Monde, ou plutôt qu'il ne finira jamais.

(16) On a reproché ſi ſouvent au *Célibataire* de ne s'être pas aſſez étendu *nominativement* ſur le *Plaiſir* dans ſes *Réflexions Philoſophiques*, qu'il ſera peut-être contraint de faire quelque jour une *Diſſertation* pour prouver qu'il n'en a que trop parlé dans cet Opuſcule ; en attendant il renvoie le Lecteur à la *Lettre* qu'il a eu l'honneur d'écrire *au Public* à cette occaſion, & qui ſe trouve imprimée page 22 & ſuiv. de cet Ouvrage infortuné.

AVERTISSEMENT
DES ÉDITEURS
*Sur l'*Errata *qui va ſuivre.*

CET Avertiſſement étant la *onzieme* Préface de notre LORGNETTE, nous lui donnerons infiniment peu d'étendue; & nous bornant à prévenir le Public que la précipitation avec laquelle cet Ouvrage a été imprimé, & la diſtance de Paris à Londres n'ont pas permis à l'Auteur de *revoir* ſes épreuves, & de les *corriger;* qu'il n'a pu éviter des fautes de ſtyle, qu'un peu de réflexion auroit fait aiſément diſparoître : nous ſupplierons l'honorable Lecteur d'y ſuppléer, de ſe prêter aux circonſtances, & ſur-tout d'uſer d'indulgence. Cinq à ſix fautes très-légeres échappées à l'attention d'un Imprimeur inſtruit, habile, diligent & correct, formeront donc tout notre

ERRATA.

Premiere Partie.

P. 129, *l.* 13. chercher, *l.* puiſer.
131, 2, ni, de.
147, 6 & 7, dégouter, en dégouter.
157, 5, ſûrement, aſſurément.

Dans tout l'Ouvrage, Sirap, *liſez* Paris.

Seconde Partie.

P. 31, *l.* 4. *ſupprimez* &.
33, 10, ſociale, *l.* ſociable.
43, 12, encore, encore à.
48, 4, ruiner, & ruiner.
106, 3, croire, penſer.

Fin de la ſeconde *Partie*, qui ne ſera peut-être pas la derniere.

www.ingramcontent.com/pod-product-compliance
Ingram Content Group UK Ltd.
Pitfield, Milton Keynes, MK11 3LW, UK
UKHW020602180726
13838UKWH00001B/375

9 782329 361154